쌍란

쌍란

1판 1쇄 인쇄 2025. 5. 26.
1판 1쇄 발행 2025. 6. 9.

지은이 전필화

발행인 박강휘
편집 이복규 디자인 유향주 마케팅 김새로미 홍보 반재서
발행처 김영사
등록 1979년 5월 17일 (제406-2003-036호)
주소 경기도 파주시 문발로 197(문발동) 우편번호 10881
전화 마케팅부 031)955-3100, 편집부 031)955-3200 | 팩스 031)955-3111

저작권자 ⓒ 전필화, 2025
이 책은 저작권법에 의해 보호를 받는 저작물이므로
저자와 출판사의 허락 없이 내용의 일부를 인용하거나 발췌하는 것을 금합니다.

값은 뒤표지에 있습니다.
ISBN 979-11-7332-213-6 03810

홈페이지 www.gimmyoung.com 블로그 blog.naver.com/gybook
인스타그램 instagram.com/gimmyoung 이메일 bestbook@gimmyoung.com

좋은 독자가 좋은 책을 만듭니다.
김영사는 독자 여러분의 의견에 항상 귀 기울이고 있습니다.

쌍란

전필화 그림시집

우리가 함께 있으면 행운이래

(차례)

8 일어나 로봇 소년	38 나와도 돼
10 그 골렘 이제 잘 웃어	40 매일 하는 일
12 아마도 나는 구름인 것 같아	42 노래 하나 병아리 둘
14 달다	44 지친 사내의 뒤를 돌보는 일
16 아 이거? 족제비	46 아마도 그 둘은 같이 있을걸
18 부스러기 한 쪽도 나눠 먹는 사이	48 우주비행사
20 기다리는 거 잘해	50 바람으로부터
22 골렘은 들판이 된다	52 나가자
24 쌍란	54 고양이 던전과 무장해제
26 그의 이야기를 들어보자	56 당신이 부르는 손짓을 할 때마다
28 개화	58 세상
30 하얀 꽃을 보려면 이발부터 해야 해	60 고마워요
32 알은 세계다	62 어떻게 하시겠어요?
34 들어가도 돼?	64 들꽃은 난 곳에서 핀다
36 미러클 모닝	66 우린 서로 묻었네

68	둘에 관한 이야기 하나	98	여름 개구리야 노래 불러줘
70	꽃반지	100	따라해봐
72	심문	102	내 이빨 가져
74	그냥 한번 잡아봤어	104	그리워해요
76	렛츠 댄스	106	그게 아니고
78	내려안음	108	잎 하나를 떨구어 위로가 될 수 있다면
80	나는 너	110	애먼 것을 사랑하게 되는
82	굴러온 꽃씨 박힌 돌 하늘 보여주기	112	소곤
84	드디어 만났네	114	너는 나무에서 떨어졌을 뿐이야
86	가까이 심어줘요	116	지나온 곳들은 어땠어?
88	네게 맞는 의자	118	돌병아리
90	다녀올게	120	늘 웅크린 모습으로 지켜왔다
92	박동	122	이제 달은 거기 없어
94	내 동생	124	쓰러지면 안 돼
96	울지 마 꽃아	126	둥둥

128	공사	158	눈 빛
130	물어 온 것	160	노란노란 모여안음
132	나무의 아들	162	꽃이 너무 예뻐서
134	친구	164	너의 무게
136	마음을 전하러 갈 거야	166	멋
138	응 듣고 있어	168	나를 타렴
140	두통	170	낡은 우산과 드리워진 손
142	나눠 걷는다	172	사람
144	영원히	174	장미의 가시 같은 것
146	비와 기쁨	176	절벽놀이
148	짧은 드라마	178	열쇠고리 웃었다
150	잡혀주고 싶어	180	삐야아아악
152	러브레터	182	얘는 새였어 얘는 나무였어
154	꽃의 비유	184	베어지지 않은 것
156	우리가 함께인 꿈을 꿨어	186	반짝반짝

188 나는 이제 달이야
190 가장 부드러운 것을 골라서
192 구름은 지나가기 마련
194 되었겠지
196 여름밤 소프라노
198 나의 별
200 양이 많이 크다면
202 잘 잤으면 좋겠어
204 밤 물든 고양이
206 눈물은 어떻게 멈추나
208 약속
210 베개 밑에서 잡았음
212 우리가 해냈어
214 떨어진 잎들
216 황금

218 죽을래?
220 등 돌린 달을 위해
222 믿음
224 모두 화해
226 숨어 지내지 않아도 돼
228 천직
230 털썩
232 안아올림

234 작가의 말

일어나 로봇 소년

사용 설명서

별도의 전원장치는 없으니
따뜻하게 취급하여 주십시오.

그 골렘 이제 잘 웃어

그 골렘은 가슴에 금이 갔는데,
금이 간 곳에서 꽃이 피었나 봐.
골렘은 그게 마음에 든 것 같아.

아마도 나는 구름인 것 같아

내 안에는 저렇게 예쁜 구름들이 가득했구나.

달다

내가 핥고 싶은 건 따로 있는걸.

아 이거? 족제비
___

"목도리 예쁘다."
"목도리 아닌데…."
"그럼?"
"족제비야."
"아 그럼 족제비 털이야?"
"아니. 족제비야."

부스러기 한 쪽도 나눠 먹는 사이

병아리 사회 실험 보고서

AM 1:30

부스러기 한 쪽을 투여했다.

AM 1:45

실험체들은 15분간 연구진을 불만스레 응시했다.
후에 실험체 A는 부스러기를 정확히 이등분했다.

AM 1:47

마침내 실험체들은 나눈 부스러기를 맛있게 먹었다.

결론: 병아리 사회는 '경쟁'과 '다툼'의 개념이
심각하게 결여된 것으로 판명.

기다리는 거 잘해

천천히 와요.
나는 어디 안 가요.

골렘은 들판이 된다

골렘은 메마른 땅을 가여워한대.
그래서 씨앗을 가득 품고
스스로 묻혀 들판이 된다고 해.

쌍란

거기 그렇게 있지 말고
여기 자리 만들었어.
우리가 함께 있으면 행운이래.

같이 있을래?

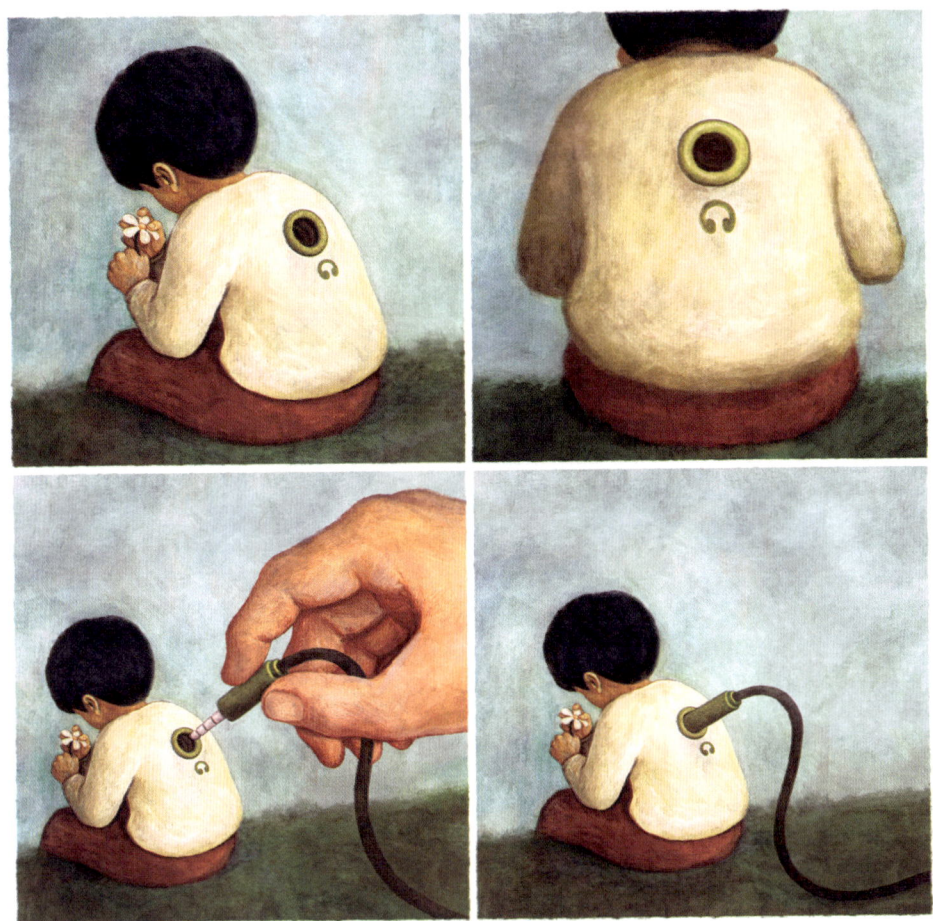

그의 이야기를 들어보자

그 소년은 말이 없어.
예쁜 이야기를 말로 하면
사라져버린다고 믿는 것 같아.

개화

병아리꽃은
느리게 피지만,
언젠가 한번은
꼭 핀대.

봤어?
병아리꽃 나는 거.

하얀 꽃을 보려면 이발부터 해야 해

오랫동안 집에만 있었어.
머리가 덥수룩해질 때까지.
그러다 다시 한번 잘 살아보고 싶었는데,
그래서 가장 먼저 이발소에 갔어.

하얀 꽃이 정말 예쁘더라.

알은 세계다

새는 알에서 나오려고 투쟁한다. 알은 세계다.
태어나려는 자는 한 세계를 파괴해야만 한다.
_헤르만 헤세, 《데미안》

"삐약!"

들어가도 돼?

"똑똑똑."
"누구세요?"
"병아리."
(스륵)
"열어줘서 고마워."

미러클 모닝

매일 아침,
머리맡에서 기적이 일어난다.

나와도 돼

회사에 데려오면 안 된대.
어제도 엄청 혼났어.
그러니까,
주머니에 잘 숨어 있어야 해.

가까이 심어줘요

가까이 심어줘요.
이파리 팔랑이다
서로 닿아 인사하면
이곳은 더 이상 듬성한 들판이 아니에요.
꽃밭이 되는 거예요.

매일 하는 일

"오늘도 예쁘네."

쪽.

"……."

쪽.

노래 하나 병아리 둘

"무슨 노래 들어요?"

"……."

"같이 들어요."

"……."

번쩍.

"삐약!"

지친 사내의 뒤를 돌보는 일

으휴, 또 이러고 자네.
오늘도 고생했어.

아마도 그 둘은 같이 있을걸

찰나지만, 불꽃이 기울어 일렁이는 것을 봤어.
아마도 걔를 데려간 것 같아.

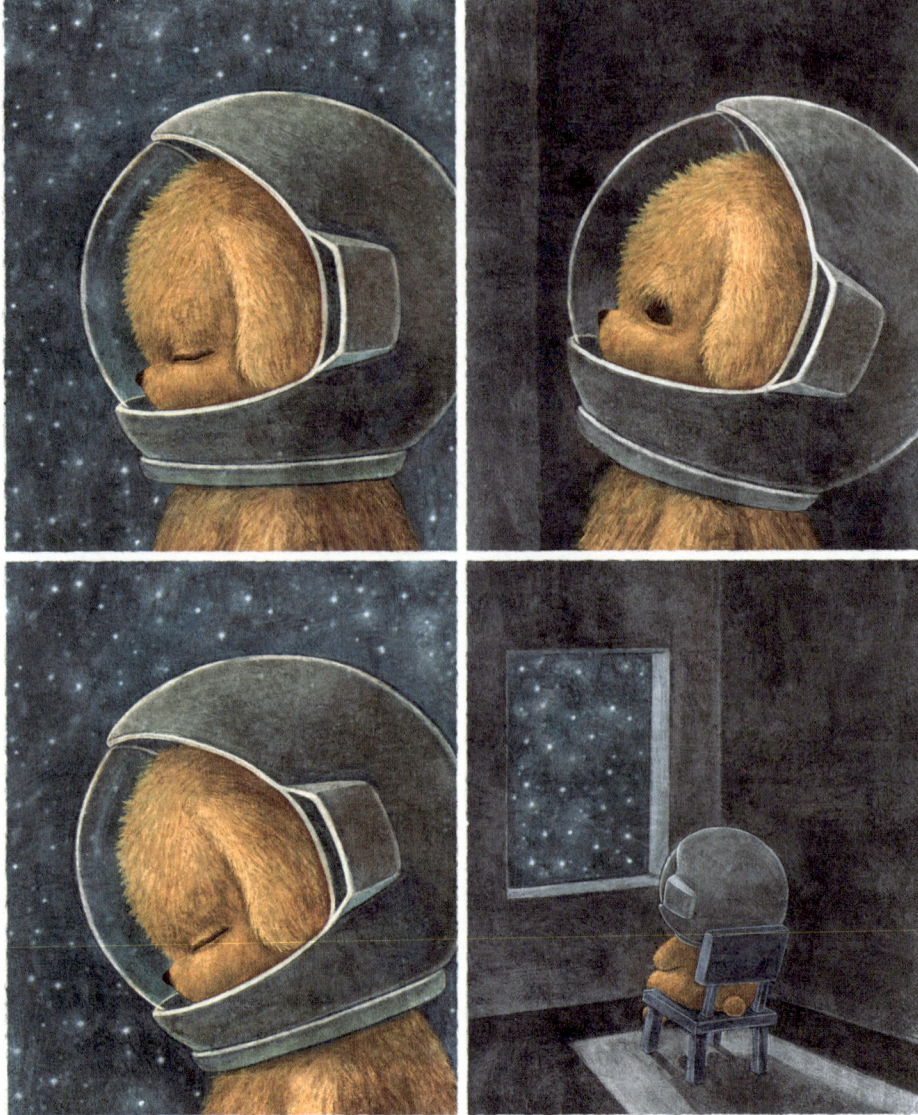

우주비행사

눈 감으면 별에 있고,
눈을 뜨면 방이야.
나는 나와 같은 우주비행사들이
많다는 걸 알아.
우리 지치지 말자.
우주에서 만나자.

바람으로부터

그런 장난을 치는 애는 바람밖에 없어.

나가자

나가자.
집에만 있지 말고
바깥 공기도 좀 쐬고.

얼른 옷 입어.

고양이 던전과 무장해제

"전설의 고양이여!
그대의 품속에는 금은보화가 가득하다지.
문을 여시오!"

…끼릭….

"삐약!"

당신이 부르는 손짓을 할 때마다

아무리 멀어도
아무리 높아도
저는 가니깐요.

헥헥.

세상

세상을 예뻐하는 네가
세상보다 더 예쁜 거 알지?

고마워요

당신이 무엇인지는 상관없어요.

<u>어떻게 하시겠어요?</u>

"저를 먹을 건가요?"
"아니… 그냥…."
"제가 심심풀이인가요?"
"아니… 미안해…."
"친구가 필요한 거죠?"
"…그래줄래?"

들꽃은 난 곳에서 핀다

들꽃은 나게 된 자리에서 핀다.
불평도 없이.

우린 서로 물었네

"이건…"
"이건…"

"네가 나에게 기댄 흔적."
"네가 나에게 기댄 흔적."

"떼어낼 때마다"
"떼어낼 때마다"

"미소 짓게 돼."
"미소 짓게 돼."

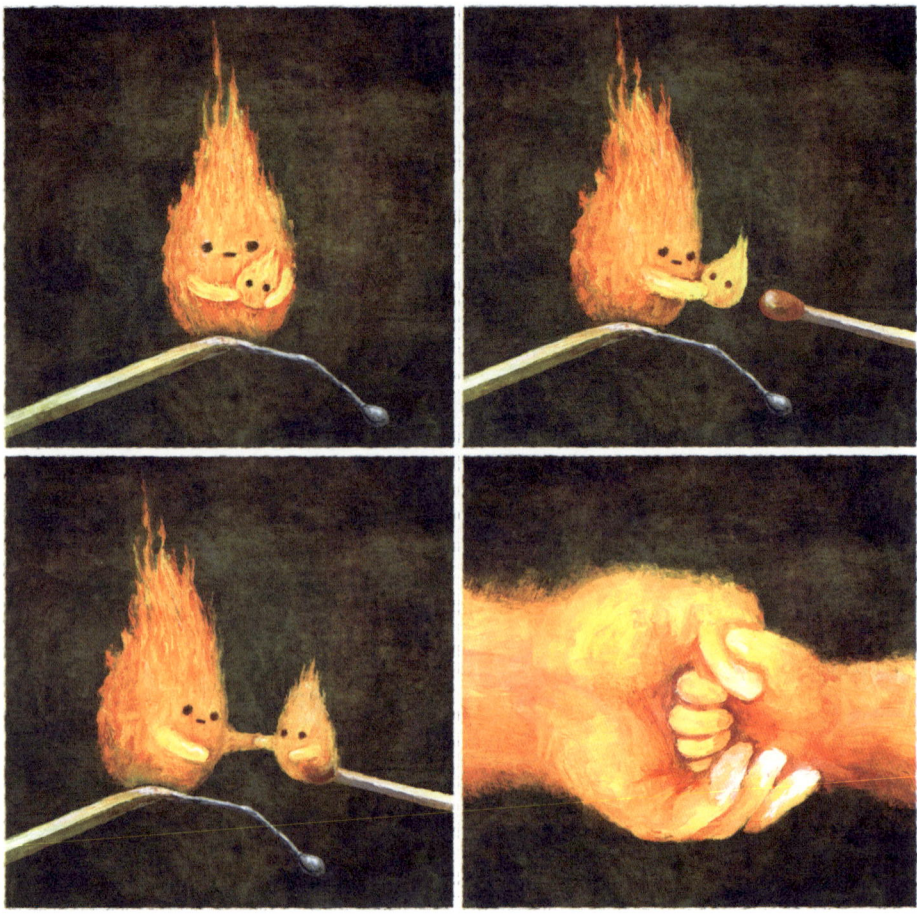

둘에 관한 이야기 하나

어머니 불은 아기 불을 서둘러 옮겼대.
옮겨 온 나는 아기 불이고.

꽃반지

선물은 내가 가진 소중한 걸 주는 거랬어.

심문

"다 너를 위해서 이러는 거야.
이제 슬슬 자백하지 그래?"

"……."

"이렇게 나오시겠다?
여기 명백한 증거가 있지."

"따흑."

그냥 한번 잡아봤어

손이 비었길래. 크흠.

렛츠 댄스

생은 축복이야.
촛불은 한 뼘을 살다 가는 동안에도
내내 즐거워 춤을 추거든.

내려안음

나는 전생에 무엇이었을까요.
왠지 당신이 눈에 계속 밟혀서요.

나는 너

"나는 너야."
"나는 너야!"

굴러온 꽃씨 박힌 돌 하늘 보여주기

굴러온 꽃씨를 미워하지 않고 기다려준 돌이
꽃씨는 항상 고마웠대.

드디어 만났네

저 위에서 얼마나 반했는지 몰라요.
가을이 되고
붉어 떨어지면
드디어 만나네요.

네게 맞는 의자

세상에 완벽한 의자가 어디 있겠어.
그래도 너는 내게 완벽한 것 같아.

다녀올게

잘 다녀와.

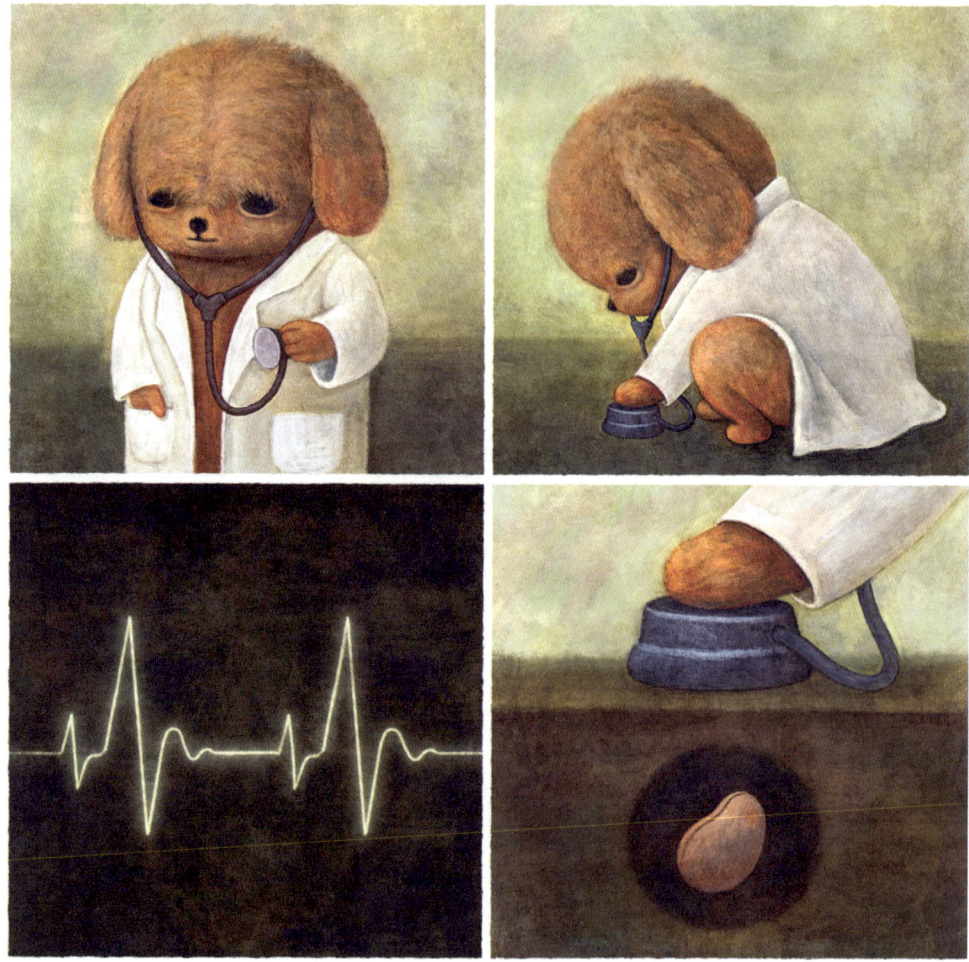

박동

씨앗도 박동이 있지 않을까?
아주 작게라도.

내 동생

아마도 나랑 닮았겠지?
같이 놀 거야.
잘해줄 거야.

콰직.

울지 마 꽃아

울지 마 꽃아.
나는 세상의 모든 언덕을 지나왔어.

시듦 없이 하얗게
밤을 견디는 너는
세상에서 가장 예쁜 꽃이야.

나는 달이라고 해.
내일 다시 놀러 올게.

여름 개구리야 노래 불러줘

"소개합니다!
여름밤을 시원하게 만드는
마성의 목소리.
개구리 씨!"

"…개굴."

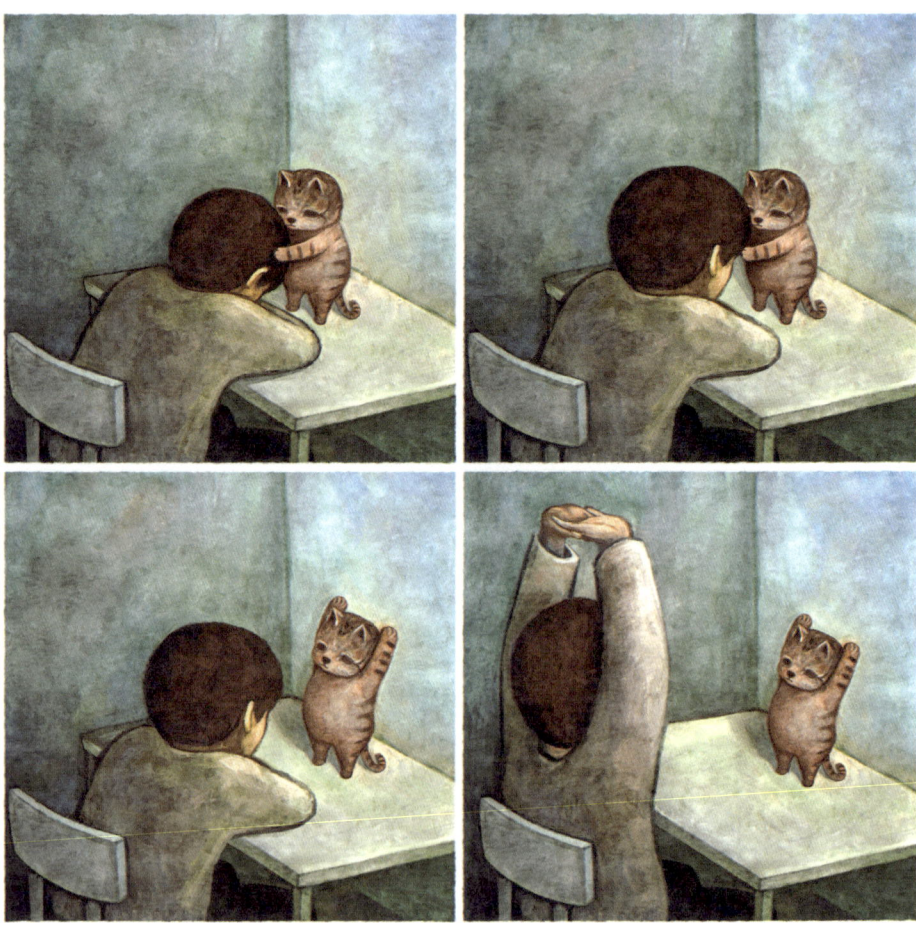

따라해봐

나 봐봐요.
이렇게 쭉.

내 이빨 가져

이 목걸이는 여우가 내게 준 소중한 증표야.
나는 그 여우처럼 살기로 했어.

그리워해요

두고두고 꺼내 보게 돼요.
참 좋았거든요.
떠올릴 때마다
기다리게 되지만

그러지 않을게요.
그리워할게요.

그게 아니고

오해는, 말로는 잘 안 풀리더라고.

쪽.

잎 하나를 떨구어 위로가 될 수 있다면

당신이 슬퍼하는 내내
나는 내 잎을 시들여
당신을 쓰다듬고 싶은 마음뿐이었어요.

애먼 것을 사랑하게 되는

양은 문득 고개를 들었고,
하늘에 설렌 거야.
풀을 뜯는 것만으로는
더 이상 잠들 수 없는 마음이 되었어.
들판의 꽃을 모아
구름이 눈 마주쳐줄 때까지
하염없이 그곳에 서 있던 거야.

누가 그를 바보 양이라고 할 수 있겠어?

소곤

"소곤소곤."
"큭큭."

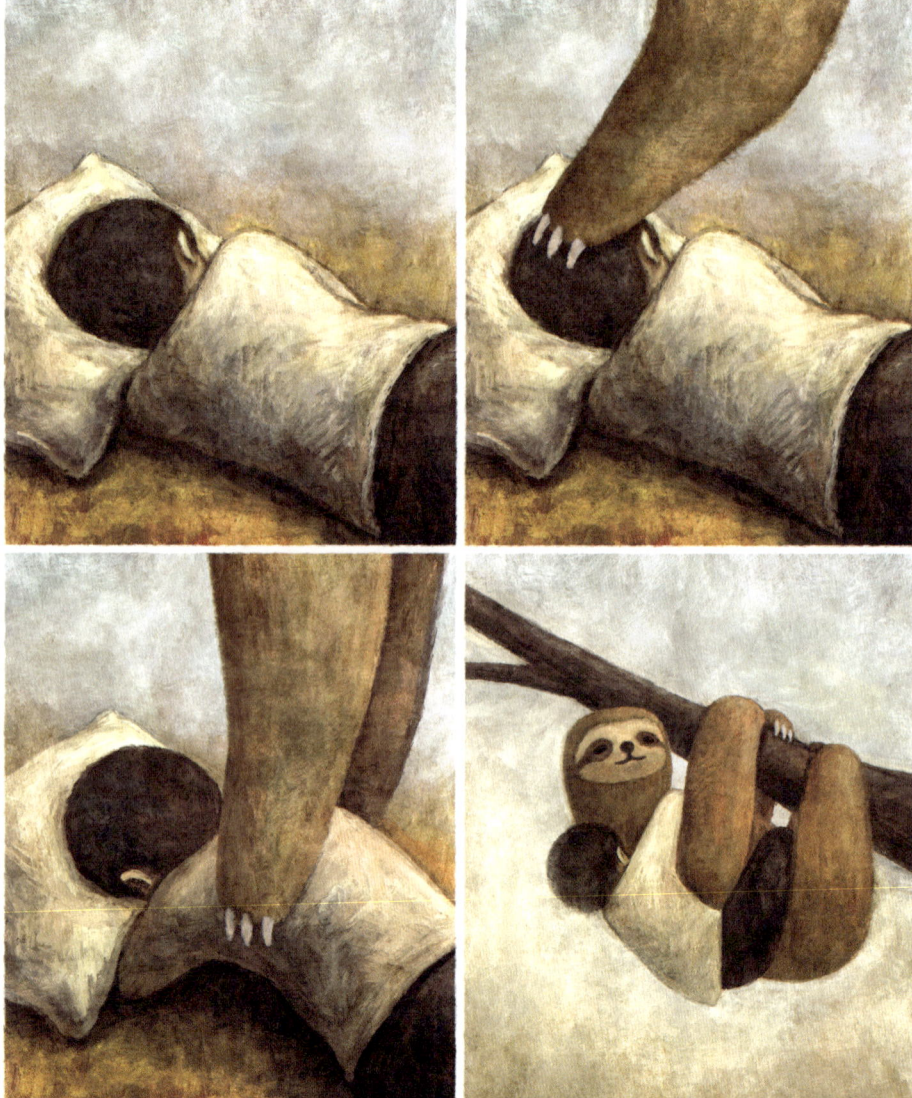

__너는 나무에서 떨어졌을 뿐이야__

깨어 있는 것이 두려워
잠드는 마음을 나도 알아.
푹 자렴.
반드시 새롭게 깰 테니까.

지나온 곳들은 어땠어?

"여기에서 멀지 않은 다른 언덕에 소녀가 있었어요.
바람을 듣는 아이를 만나면 이 말을 전해달라고 했어요."

"어떤 말?"

"바~보~."

돌병아리

작은 새는 돌을 품기로 했어.
아끼고,
품고,
주고,
감싸고,
깨뜨린 거야.

늘 웅크린 모습으로 지켜왔다

아파도 아프지 않은 걸 보면
너는 내 소중한 가시야.

이제 달은 거기 없어

집이 없는 달팽이가 지어 갔거든.

쓰러지면 안 돼

언덕에는 늘 바람이 불어.
뿌리를 부둥킨 나무는
쓰러지지 않으니까,

건네고 뒤엉키며
바람을 나자.

둥둥

곰돌이는 버려진 줄 알았대.
헤엄쳐 갈 곳도, 쉴 곳도 없이
막연히 흘러가기로 한 거야. 둥둥.

그런데 어느 날
노란 오리들이 하나둘 모여들어
그의 위에서 쉬어 가기 시작했대.

곰돌이는 스스로가 쉴 곳이 되었고,
더 이상 버려졌다 생각하지 않게 되었대.

공사

한 뼘 내어주면 가족이 되는걸.

물어 온 것

그는 나에게 준다.
하루도 빠짐없이.
변함없이.
온전히.
전부를.

나무의 아들

무릎만 했는데 어느새 이렇게.

친구

"늘 나를 따라 걷는 너는
어떤 느낌일까?
이제 내가 너를 따라 걸을게.
어디로 가고 싶어?"

"그냥 여기에 같이 있고 싶어요."

마음을 전하러 갈 거야

직접 가지 않아도 돼.
편지를 쓰면 내가 전해줄게.
진심을 다 말해버리는 건
위험한 비행이야.
…….
그래도 반드시 눈을 보고 말해야겠다면,

꽉 잡아.

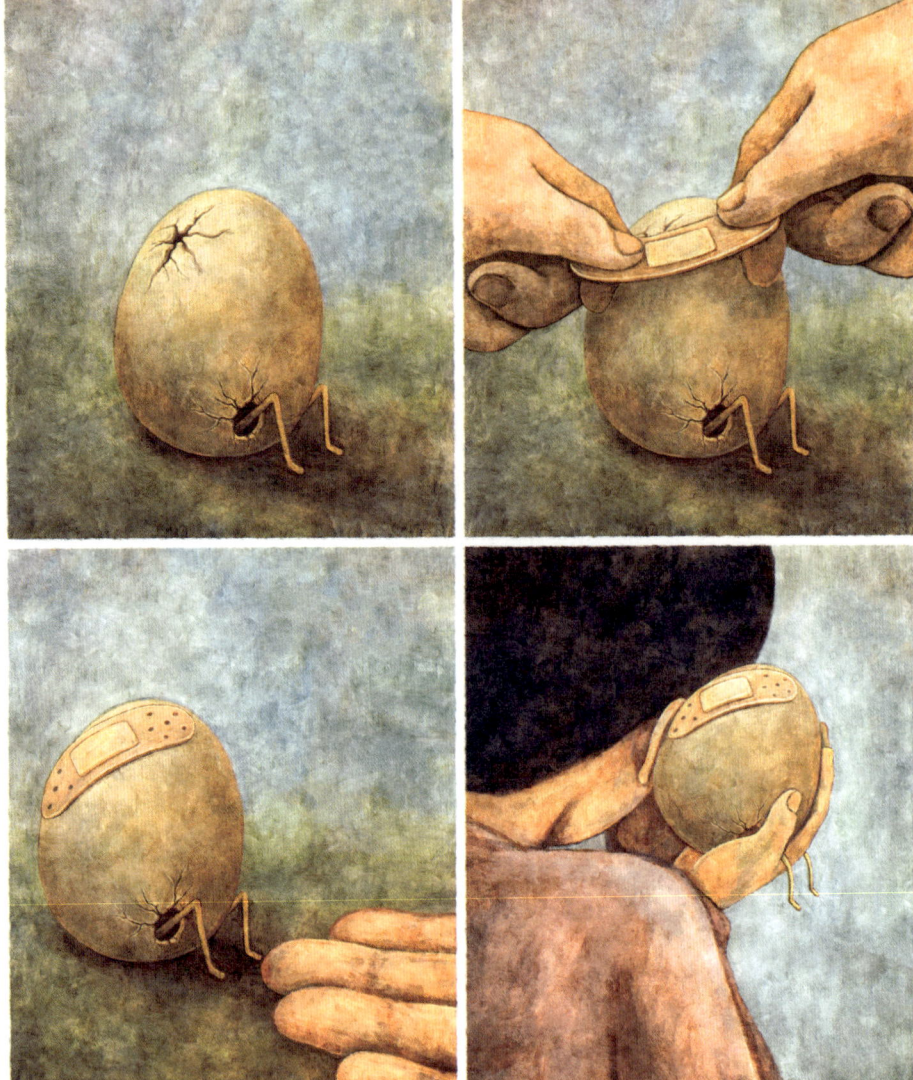

<u>응 듣고 있어</u>

천천히 나와도 돼.
때는 네가 정하는 거야.

두통

꽃을 왜 줘서
머리를 아프게 해.
왜 준 거야! 왜!

나눠 걷는다

"우와. 벌써 여기까지 왔네."
"…응."
"힘들었지? 이제 내가 업을게."
"…응."
"참 멀다 그치?"
"…응."
"그래도 너랑 함께라서 즐거워."
"…응."
"너도 즐거워?"
"…응."

영원히

누군가 빛나기 위해
누군가 녹아야 한다면
그런 거 싫어요.
나를 위해 녹기로 한 그와
영원하고 싶어요.

비와 기쁨

이 낮은 곳에도 커다란 기쁨이 있지.

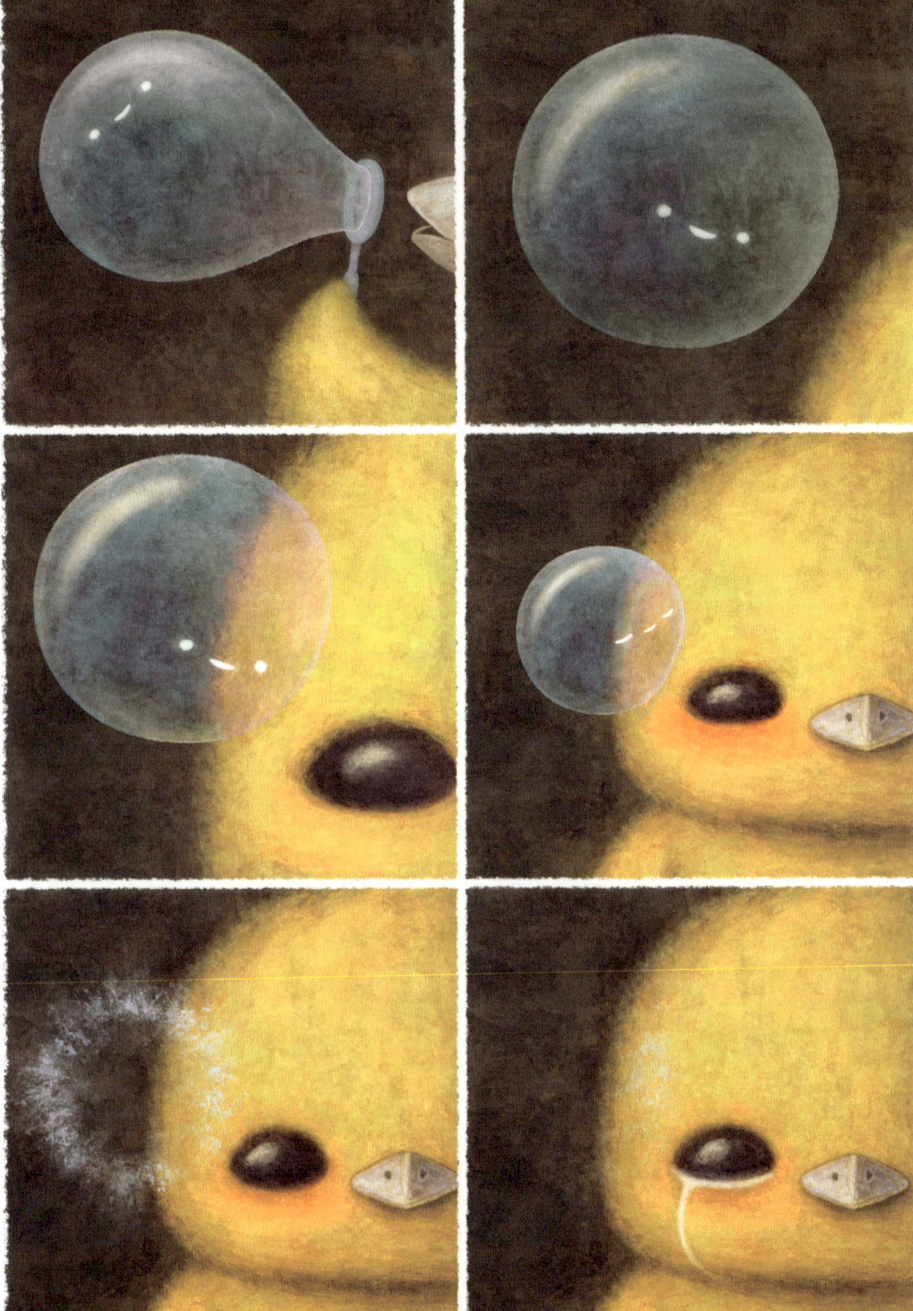

짧은 드라마

반가워. 나는 비눗방울이야.
우리가 헤어지는 것은 당연하지만,
나는 너의 기억 안에
흔적으로 남고 싶어.

이마 위에 나를 남기고 갈게.

잘 있어. 안녕.

잡혀주고 싶어

소년의 꿈을 이루어주고 싶어.

러브레터

당신을 뒤로한 산책길을
머뭇이며 돌아왔어요.

묻은 풀씨를 털며
내일의 마주침을
잔잔히 고대합니다.

그러다 미처 털어내지 못하는 것이 있습니다.

오늘 당신은 제게 웃어 보였지요.
그로부터 저는 내내 새로운 꿈을 꾸고 있습니다.

하루가 온통 당신입니다.

눈 감으면 담장 너머 소복이 해가 뜨고
저는 그런 당신을 바라 피는 꽃이기 때문입니다.

사랑합니다.

꽃의 비유

사탕을 늘 지니고 다니기로 했다.
묵묵해만 보였던 그가
사탕을 건네 왔을 때
건네는 손이
활짝 핀 꽃처럼 예뻐 보였기 때문에.

우리가 함께인 꿈을 꿨어

"우리가 함께인 꿈을 꿨어."
"어떤 꿈?"
"우리가 함께 헤엄쳤어."
"우와!"
"그리고 네가 나를 안아줬어."
"우와! 그럼 다음 꿈엔 내가 갈게."

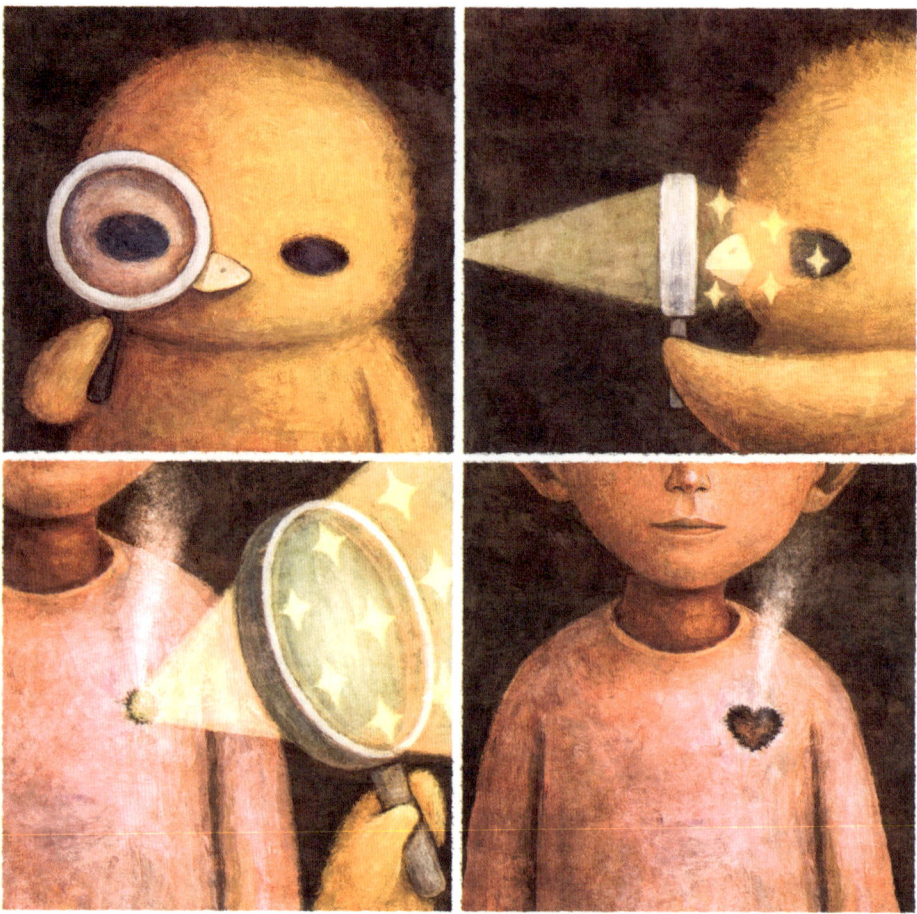

눈 빛

"알고 싶어요.
들여다보고 싶어요.
당신이 되고 싶어요."

"아얏!"

<u>노란노란 모여안음</u>

병아리는 슬퍼하는 병아리를 그냥 두지 않아.

꽃이 너무 예뻐서

예쁜 꽃은 눈물이 먼저 보거든.
꽃을 더 가까이 보고 싶어서
울컥 나와버리는 거래.

너의 무게

네가 없으면 나는 텅 빈 채 기우는 시소 같을 거야.

멋

부려도 부려도 끝이 없는 것.
다 쓴 스프레이 통을 내려다보며 생각했지.
처음부터 쫑긋한 귀는 중요하지 않았을지도.
팔랑이는 귀가 나의 멋인걸.

오늘 하루 팔랑팔랑 귀엽게 살기로 해.

나를 타렴

"밖은 축제래요.
그런데 저는 창틀을 넘기에
너무나 작아져버렸어요."

"나는, 나는 법을 까먹었어.
그치만 목이 기니까,
나를 타지 않을래?"

낡은 우산과 드리워진 손

비가 오는 날에도 쥐가 젖지 않는 일들이
많이 일어났으면 좋겠어.

사람

그 허수아비는 새를 쫓지 않고
스스로 둥지가 되었대.

그게 허수아비야? 사람이지.

장미의 가시 같은 것

소년은 밤을 앓아야 했어.
달과 너무 가까웠기 때문이야.

절벽놀이

높이 올라 꺾으려는 게 아니었어.
낮게 기울여 예뻐하는 거였어.

열쇠고리 웃었다

내가 지은 우스꽝스러운 표정과
네가 지은 예쁜 웃음은
우리만 알고 세상에는 비밀로 하자.

삐야아아악

이 순간을 위해
얼마나 노력했는지
나는 알아.

조명이 켜지고 막이 오르면,
너에게 가장 당연했던 소리를 내는 거야.

"삐야아아악."

얘는 새였어 얘는 나무였어

"나의 새였어."
"나의 나무였어."

베어지지 않은 것

그의 오랜 친구는
베어진 나무를
잊지 않고 찾았어.

나무는 새를 위해
다시 한번
힘을 내보기로 했대.

반짝반짝

소년은 눈물이 많아.
슬퍼서 울고,
기뻐서 울고,
안쓰러워 울고,
울 일이 참 많았는데

소년은 그것을 부끄러워했지만
밤하늘이 다가와 하는 말이
"너는 별이 많은 아이구나"
했대.

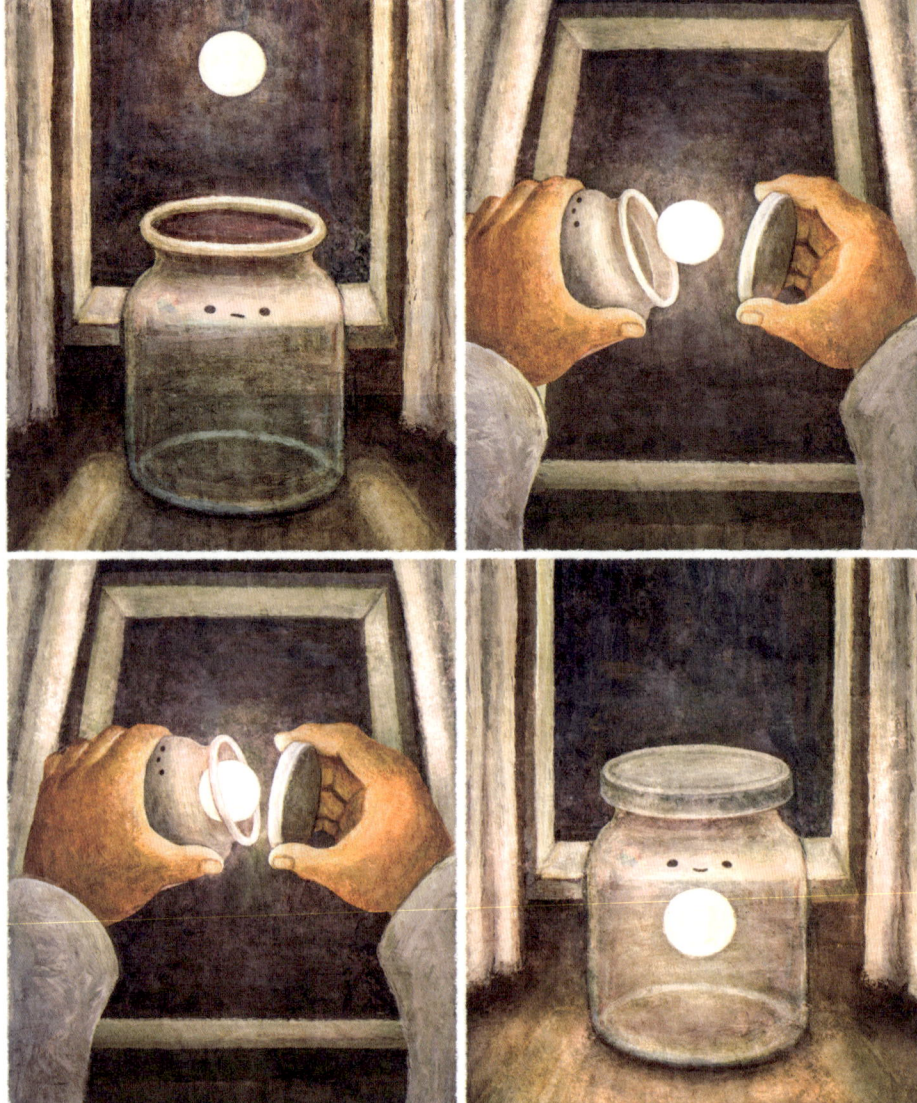

나는 이제 달이야

담을 수 있었던 건
비어 있었기 때문이야.

가장 부드러운 것을 골라서

깨지면 안 되니까
깊은 곳을 내어줘야 해.

구름은 지나가기 마련

이미 많은 날들을 흐리고 맑으며 지나왔으니까.

되었겠지

그 무렵에는
꽃을 동그랗게
많이도 그렸으니까.

하나쯤은 땅에 녹아
꽃이 되었겠지.

여름밤 소프라노

"찌르르. 찌르르."

"아니, 아니,
어두운 풀숲, 누구도 몰라주는 곳에서
홀로 노래하던 외로운 시절을 떠올려봐."

"찌르르르르. 찌르르르르."

"그렇지! 그거야!"

나의 별

"떨어졌어도 여전히 넌 나의 별이야."
소년이 말했다.

"저 위에서는 당신의 눈이 나의 별이었어요."
별이 말했다.

양이 많이 크다면

그 많은 이빨까지 다 안아줄 텐데.

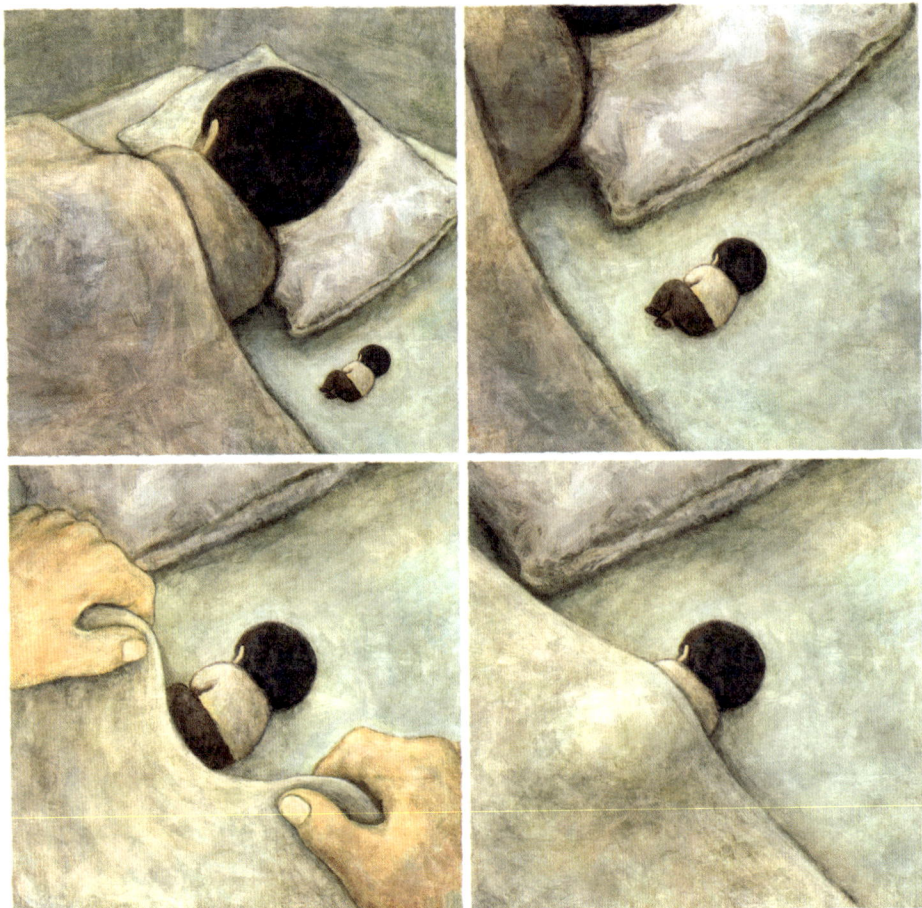

잘 잤으면 좋겠어

작아진 내가
어설피 잠든 모습을 보면
안타까우니까.

나쁜 꿈을 피해
숨어 잘 수 있도록

이불을 끝까지
잘 덮어줘야 해.

밤 물든 고양이

한낮이 너무나 소란했기 때문에
고양이는 묵묵한 밤하늘이
마음에 들었어.

눈으로 별을 쫓다가
갈피를 잃고 스스로를 별로 세면

고양이는 밤에 물든 채
울적한 마음이 되기도 한대.

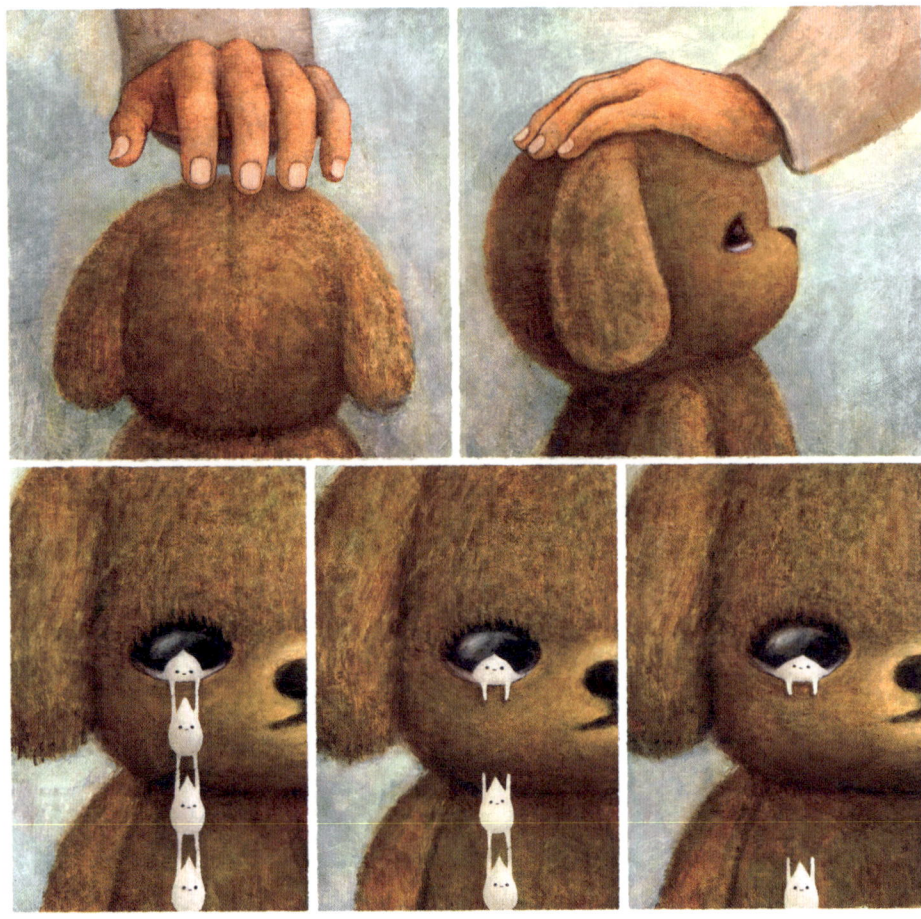

눈물은 어떻게 멈추나

"다 쏟아내도 돼"라는 말을 들었어요.
그런데 왜 눈물이 멈추는 걸까요.

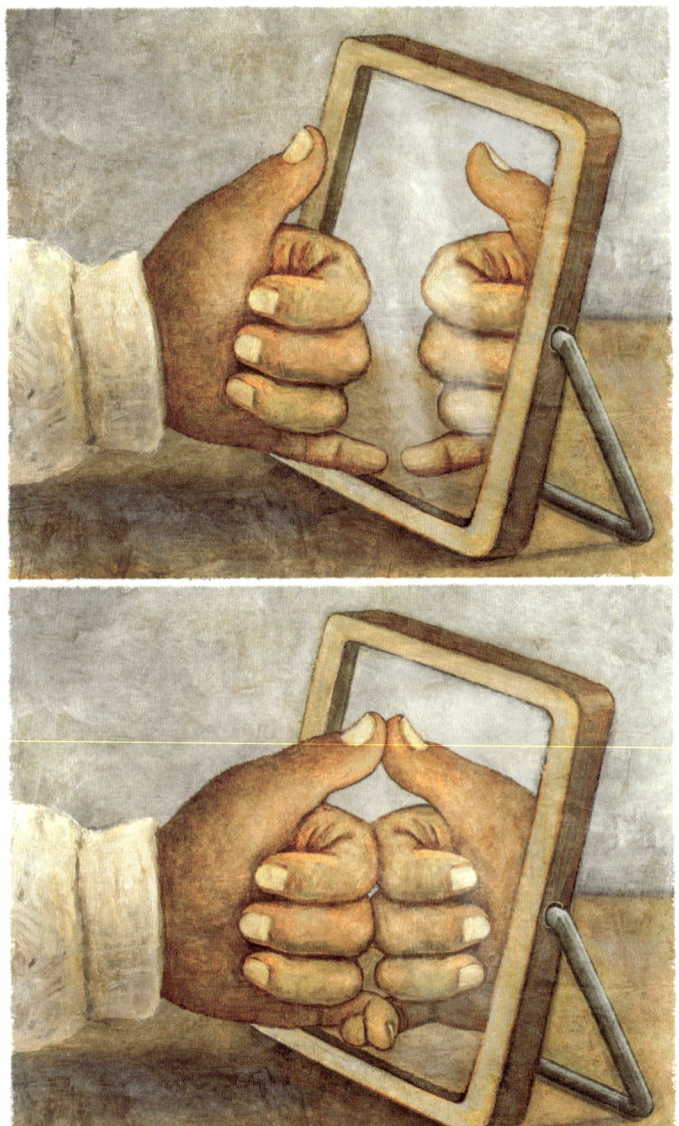

약속

이번엔 꼭 지키는 거다?
자, 약속.

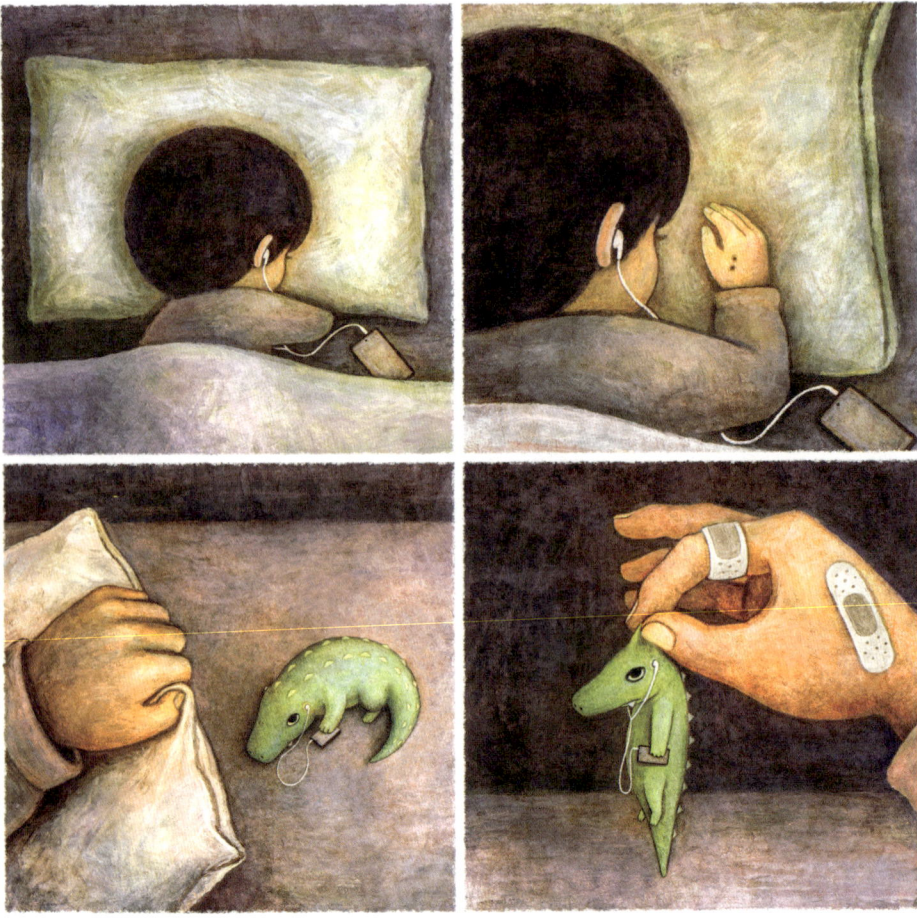

베개 밑에서 잡았음

생각이 많아지면
악어에게 물릴 거야.
밤새 잠을 설치게 되거든.

빨리 자야 되는데
오늘도 물렸어.

우리가 해냈어

탄생을 축하해!
모두가 기다렸어.

떨어진 잎들

떨어진 잎들은 바람에 쓸리다가
세상의 마지막 모퉁이에 모이게 된다.

거기에서부터 다시 시작하면 될 것 같다.

황금

귀한 것은 대부분 이미 주어진 것들이래.

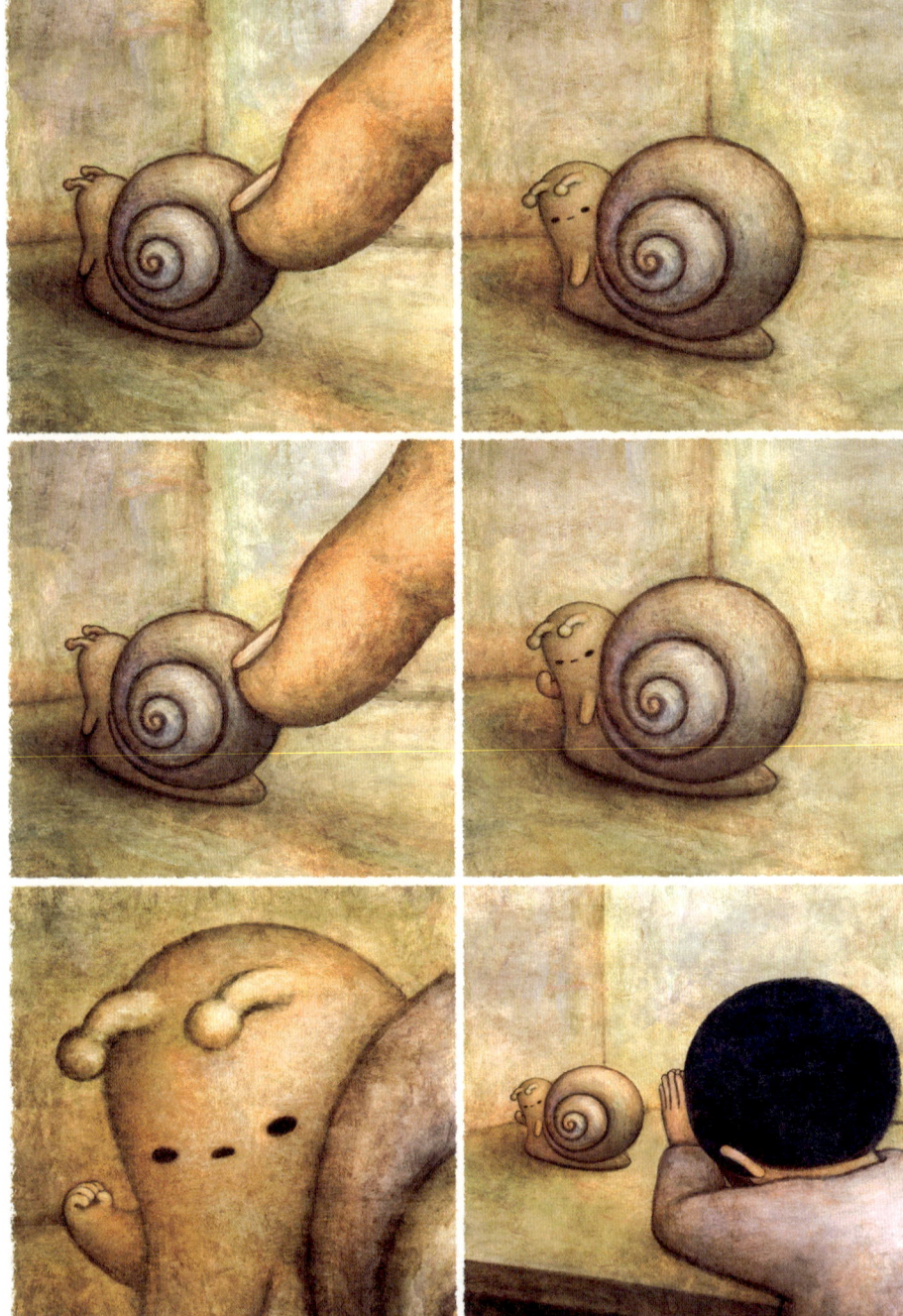

죽을래?

아무리 느려도 재촉해선 안 되겠지.
그의 주먹은 꽤 맵거든.

등 돌린 달을 위해

달님, 다시 한번 돌아봐줘요. ♪
이곳은 여전히 아름다워요. ♪

미움을 이겨낸 사람들이 ♪
꽃말을 지어요. ♪

슬픔을 이겨낸 사람들이 ♪
노래를 해요. ♪

당신과 닮은 이들을 위해 ♪

다시 한번 ♪
돌아봐줘요. ♪

믿음

믿음은 날지 못하는 새의 운명을 무른다.

모두 화해

늑대는 이빨이 많아.
토끼는 너무 착해.

늑대는 표현이 서툴러.
토끼는 겁이 많아.

늑대와 토끼가 화해했으면 좋겠어.
나와 내가 화해했으면 좋겠어.

숨어 지내지 않아도 돼

너였구나.
이제 숨어 지내지 않아도 돼.

천직

사람들에게 즐거운 색의 풍선을 전하는 일.
나는 이 일이 천직인 것 같아.

털썩

꽃향기를 맡으면,
향기 뒤에 남은
기억을 떠올리면
코끼리야,
그리워하던 모든 것을
꿈으로 꾸게 될 거야.

안아올림

너를 안는 것은 나를 안는 거야.
어느 날엔 안고
어느 날엔 안기면서
우리 그렇게 살자.

작가의 말

시작은, 저를 위한 그림이었습니다. 어떠한 목적이나 방향 없이, 그저 그리는 순간과 만들어내는 느낌의 좋음을 따라 작업을 이어갔습니다. 돌아보면 젊은 날의 제가 그림을 그리게 되기까지에는 이유가 있었던 것 같습니다.

성인이 된 후로 사회에 나가 당당히 자립하기를 꿈꿨습니다. 그러나 처음 느껴보는 생소한 감정들과 낯선 언어로 이루어진 세상이 너무나 거대했고, 두려웠습니다. 거듭되는 실패의 경험에 스스로가 많이 부족한 사람이라 확신하기에 이르렀습니다.

자연스레 방 안에 머무는 시간이 많아졌습니다. 좋아하는 것만을 떠올리면서 세상과 멀어질수록 그만큼 저 자신과 가까워지는 느낌이었습니다. 어눌했던 말씨, 서툴렀던 감정들이 하나둘 그림이 되기 시작한 무렵입니다.

시간이 흘러 감사하게도 그림을 찾아주시는 분들이 계셨고, 처음으로 스스로에게 쓸모를 느끼게 되었습니다. 그분들을 즐겁게 해드리고 싶은 마음에 밥을 먹지 않아도 잠을 자지 않아도 행복한 나날이었습니다. 그림은 제게 세상과 연결되는 유일한 언어 같은 것이었습니다.

이제 그 설레는 시간들이, 언어들이 모여 한 권의 책이 되었습니다. 여전히 제 꿈은 그림을 보시는 분들이 웃고, 즐거워하는 것입니다.

처음과 한 가지 달라진 것이 있다면 저는 더 이상 저만을 위해 그림을 그리지 않게 된 것입니다.

저는 당신을 위해 그리고 있습니다.

2025년 6월 작업실에서
전필화